Pouèmo dóu bout dóu mounde

Dóu meme autour:

Pouèmo pèr vuei
Pouèmo prouvençau

Michel Miaille

Pouèmo dóu bout dóu mounde
(Haïku e tanka japounés, sijo courean)

Michel Miaille, éditeur

Michel Miaille, éditeur
Michel.miaille@orange.fr
ISBN : 979-10-91164-75-7
« Le Code de la propriété intellectuelle interdit les copies ou reproductions destinées à une utilisation collective. Toute représentation ou reproduction intégrale ou partielle faite par quelque procédé que ce soit, sans le consentement de l'auteur ou de ses ayant cause, est illicite et constitue une contrefaçon, aux terme des articles L. 335-2 et suivants du Code de la propriété intellectuelle. »

Avans-prepaus

Ai lou plesi de vous presenta eici-dessouto quauqui formo pouetico vengudo dóu bout dòu mounde, valènt-à-dire dóu Japoun e de la Courèio, que ié dison lou haïku, lou tanka e lou sijo. Pièi ai vougu tambèn assaja de vèire se poudien èstre asatado dins nosto lengo prouvençaulo roudanenco. Ai dounc escri quàuqui pichots tèste que vous presente aro. Belèu que saupran vous agrada o vous amusa. Que que siegue, ai pres forço plesi en lis escrivènt.
Se pèr cas d'autre pouèto prouvènçau voulien se bandi dins l'aventuro, n'en sariéu forço urous. E pièi, la pouësìo èi-ti pas la memo dins tóuti li païs e li temo li meme dins tóuti li païs. Alor bon viage dins la Prouvènço o à l'autre bout dóu mounde.

Presentacioun

Haïku :

Lou haïku èi un pouèmo courtet d'óurigino japouneso que comporto 17 « more » reparti en tres tros ansin : 5-7-5 sus uno soulo ligno verticalo ; en francés, li more soun esta remplaça pèr de silabo amé de vers aligna l'un sus l'autre ; lou haïku dèu faire referènci, en principe, i quatro sesoun mai d'àutre tèmo podon èstre utilisa ; quàuqui pouèto an assaja aqueste biais d'escriéure la pouësìo qu'es aro forço couneigudo dins nòsti païs óucidentau.

Tanka :

Lou tanka èi tambèn un pouèmo japounés sènso rimo de 31 silabo sus 5 ligno ; èi la formo pouetico tradiciounalo la mai elevado de l'espressioun literàri japouneso ; èi coustrui en dos partido, la segoundo venènt counfourta la proumiero ; la proumiero partido èi tradiciounalamen un tercet de 17 silabo (devengudo plus tard lou haiku), la segoundo partido un distique de 14 silabo. Coume lou haïku, aquesto formo pouëtico coumenço d'èstre coueigudo e praticado en francés.

Sijo :

Lou sijo es uno formo pouëtico tradiciounalo de la Courèio que fuguè praticado à l'Age classi de la literaturo coureano di siècle XV en e XVI en ; èi de-segur uno parènto amé la pouësìo japouneso ounte se retrobon un pau li meme biais d'escriéure ; d'efèt, lou sijo s'escriéu en tres ligno de chascuno 14-16 silabo pèr un toutau de 44-46 vers ; lou proumié vers introudus uno situacioun, lou vers 2 la desveloupo, lou vers 3 ameno uno roumpaduro amé li dos ligno precedènto e tambèn uno counclusioun ; dins nòsti lengo óucidentalo s'escriéu en generau pulèu sus 6 ligno ; èi counsidera souvènt coume la plus lirico e la plus persounalo di formo pouëtico de l'Asìo de l'Este. Se lou sijo èi couneigu dins li païs de lengo angleso, es quàsi incouneigu en Franço.

Haïku prouvençau

Un chivau requigno
Quàuqui co manjon d'erbo
Badaire toujour

De chivau tout blanc
De becaru que canton
La Camargo ris

Un pichot que plouro
De mort soulet dins la terro
Lou tèms se n'en pinto

L'estiéu prouvènçau
De touristo d'en pertout
Soulèu taiso-te

L'autouno que vèn
De champignoun dins li bos
De capèu nouvèu

Un aucèu tout negre
De gafeto sus la mar
D'alo dins lou vent

Uno vièio femo
Quàuqui boumian pèr carriero
Pobre espavantau

Bonur pèr tóuti
La terro que viro round
Tant d'àutri messorgo

Un pastre soulet
Lou grand troupèu que bajarco
Lou mounde dis rèn

Un parèu que ris
D'emplastre sus la figuro
L'amour cour toujour

De memèi charron
De paraulo sus la terro
La mort pèr lis ome

Deman de soulèu
Un cèu pèr li bràvi gènt
Pantai de toujour.

L'erbo dóu printèms
Li jour d'ivèr forço liuen
D'ome dins li prat.

La marrido fre
Un soulèu que cremo tout
Un pourcachas reno

La memo cansoun
Uno musico pèr tóuti
Uno danso eterno

Quàuqui vièi roucas
De bàrri d'à passa tèms
Quau parlo lou mai

Un pichot reinard
Uno faguino e soun mourre
De gènt bèn discrèt

Li mousco l'estiéu
Un vounvoun qu'èi pas poussible
Bènurous li nivo

Un ome sadou
Li carriero dins la niue
Un mounde escoundu

La fèsto la niue
Lis estrangié en riboto
Un estiéu countènt

La nèu que carculo
L'ivèr que ris coume un niais
Drolo de sesoun

La plueio en coulèro
Lou soulèu fai ço que vóu
De renaire ensèn

De canard dins l'aigo
Quàuqui foulco un pau plus liuen
De poutoun pèr tóuti

Jamai lou dimenche
Quau saup belèu la semano
Rena tout lou tèms

Mountagno de nèu
Vago blueio dins la mar
Lou meme païs

Esqui sus l'espalo
La mar coustume de ban
Tu bello Prouvènço

Pèis dins uno sieto
Pèis barrulant dins lis aigo
Chanço enjusco à quand

Vuei poulit soulèu
Deman la plueio en councert
Ansin vai lou tèms

Ounte èi lou soulèu
Pamens dequé fai la plueio
Jamai res countènt

Pichot pèis dins l'aigo
Siluro de cènt kilò
Fau se mesfisa

Chivau dins l'estable
Ferun que cour dins li bos
Pamens la memo famiho

Rinard e gallino
Faguino contro lapin
Uno memo courso

Pichots iue crudèu
E de sang sus li babino
De bestiàri o d'ome

Cop de tron dins l'èr
Plen de lume dins lou cèu
Pas la fin dóu mounde

Lou gau lou matin
Plen de bestiàri lou jour
Machoto la niue

Un jour dins un caire
L'endeman forço plus liuen
Vouiage toustèms

Cabro dins l'estiéu
Lou bòchi fai soun travai
De cabri l'ivèr

Aigo blueio la mar
Lou soulèu vèn s'ié bagna
Vouiage courtet

Agroufioun l'estiéu
Li cigalo e sa cansoun
Fre preparo-te

D'aucèu dins l'ivèr
Marrido sesoun aqui
Raioun d'or pamens

Aucèu e plantun
Enfant urous sus la plajo
Mounde rèsto siau

Plen d'aubre malaut
Estiéu ivèr tout parié
Resso touto presto

Dos pichòti routo
Camin liuen di grand trafique
Lou plantun lou meme

Un cataras negre
Quàuquis auco touto blanco
Lou meme camin

Cataras la niue
Uno machoto que crido
Uno pòu que cour

Marrit chin d'ibrougno
Un vièi cataras pelous
Liuen li bèu quartié

Bello niue d'estiéu
Plen de gènt que barrulon
La chavano aqui

Aigo fresco e claro
Lou grand gaudre fai la fèsto
Lou flume pas liuen

Soulèu tout en aut
La fresquiero rèsto en bas
De gènt que rènon

Champignoun aqui
Li cerca e li cerca
Mai camin barra

Perdigau en fèsto
Gros blad un pau d'en pertout
Subran li fusiéu

Chinas forço urous
Mai lis aucèu pas countènt
La casso èi duberto

La biso que boufo
Li bràvi nivo passon
Lou tèms que coumando

Res dins li grand bos
Lis aubre soun bèn countènt
Subran d'oustalas

De chin dins l'estable
De vaco dedins l'oustau
Dequé n'en pensa

erbo touto seco
Lou souleias bèn countènt
Res demando rèn

Aucèu que rigolo
De perdigau que rison
Pancaro la casso

Pèis que se proumeno
De gros aucèu dedins l'aigo
Lou mounde à l'envers

Grands aucèu tout negre
D'àutre grands aucèu tout blanc
Pèr jouga i damo

Lavando vióuleto
Lou mounde plen de soulèu
Mai res dins li terro

Oustau de pacan
Li rèire an garça lou camp
Oustau pèr l'estiéu

Machoto la niue
Pamens dourmi la journado
D'ome fan parié

De souco de vigno
Quàuqui grapo de rasin
Quand béure lou vin

De nivo tout negre
Lou cèu coume grand oustau
Ploura sus la terro

Li bos d'oustalas
I'a degun is alentour
Lou diable belèu

Quau canto en aut
I'a degun pèr me respondre
Pantai de-segur

Machoto la niue
Pamens res pèr regarda
Belèu un pantai

Din-din d'un clouquié
Miejour la niue que canton
À chascun soun ouro

Bello niue d'ivèr
Touto la fresquiero dor
I'a res pèr carriero

Darnagas aqui
Aqui un pau d'en pertout
D'ome sus la terro

Mountagno que canto
Plus liuen lou cant de la mar
Lou mounde countènt

Larmuso e muraio
De dragounas eilabas
La memo famiho

Lou vènt d'estiéu saup
La biso d'ivèr parié
Mai iéu sabe rèn

Un brave darboun
La niue que fai soun grand trau
Barrula ensèn

La machoto dor
Segur lou jour vai veni
Tout lou tèms parié

Un pichot lapin
O la bono farigoulo
La niue e soun mourre

La granouio piéuto
Un marrit chinas respond
La niue sa cansoun

Un verme s'endor
Tóuti lis aubre dormon
Darboun que barrulo

Li grand chivalas
Reguigna lou jour la niue
Belèu qu'an si nèr

Boumian dins la niue
I'a degun dins lou quartié
Just un chin que japo

La niue que trantraio
D'àutri bràvi gènt trantraion
Ounte s'envai lou mounde

Bedigas aqui
D'àutri bedigas eila
Que de poulit mounde

Bedigo la niue
De gènt bedigas lou jour
Pamens bràvi gènt

Chivau que reguigno
Uno bravo miolo dor
Parié pèr li gènt

La cabro e soun la
De vaco de la tambèn
Dequé fan li femo

Fedo dins un cast
Li cabro soun estacado
Vougué s'escapa

Verme dins la terro
D'àutri verme dins un aubre
E dins nòsti tèsto

Bestiàri e la plueio
De canard dins uno mueio
Gènt souto la doucho

De bru dins la niue
La faguino e lou lapin
Un marrit rescontre

Luserno e la daio
Lou meissounié soun voulame
Tèms d'à passa tèms

Verduro d'estiéu
D'à cha pau la coulour jauno
De pouisoun au sòu

Rasin dins li vigno
De vin dedins li boutiho
Forço bèn ansin

Plueio dins li vigno
Li bèu rasin dedins l'aigo
Ges de vin pèr béure

La biso que boufo
L'ivèr que fai son travai
Ansin vai la vido

Jalado d'ivèr
Lou marrit tèms que rounguigno
Es pera l'estiéu

La nèu dis bonjour
Lou soulèu fai de riseto
La bello sesoun

Li prat que dormon
La naturo dis plus rèn
Iéu lou darnagas

Lou cant de la biso
La preguiero de la nèu
Ah lou brave mounde

Marrit ventaras
Lis aubre que se plègon
Espera l'estiéu

Li jour de janvié
Marrit tèms tóuti li jour
Li pàuri bestiàri

La biso countènto
Soun bèu councert tout de fre
Resta à la sousto

Eigagno au matin
Lou ventaras tout lou jour
Bravo chaminèio

Té vaqui l'ivèr
Uno sesoun coume d'àutro
Espera deman

La niue de cat negre
De chinas blanc que japon
La memo famiho

De trin dins la niue
De bagnolo sus la routo
Coume dins la journado

Lou bisas de niue
De paraulo dins lis èr
Sibla pèr rèn dire

L'ivèr e la niue
I'a plen de gènt qu'amon pas
Lou bonur pèr d'àutrie

Escouta la fre
Lou marrit vènt que rounguigno
Moun ami lou lié

La biso e si mot
Un drole de paroli
Parrié pèr li gènt

La niue lou bisas
La nèu vai se prepara
Lou printèms rounguigno

Vaqui mèstre ivèr
Si grand bras amé de nèu
Brasseja de fre

Quàuqui bouscatié
Uno obro d'à passa tèms
Pamens just aièr

Aubre desracina
Un grand chaple dins la séuvo
Un marrit bisas

D'aubre que plouron
La plueio coume de lagremo
De gènt fan parrié

De branco escrancado
Lou marrit ivèr aqui
Lèu lèu lou printèms

Li fueio soun jauno
D'à cha pau tombon au sòu
Un tapis bagna

D'aucèu dins li fueio
Serenado dins lis aubre
Auriho countènto

Un esquiróu lóugié
Permenado dins li branco
Degun lou regardo

Lou vent sa cansoun
Li grands aubre que danson
La fèsto au printèms

Bestiàri d'estiéu
La fèsto amé lou cèu blu
Mai res dins li bos

De prat d'erbo verto
Moussu l'estiéu èi countènt
La bello sesoun

Amélié en flour
Lou bèu tèms que parpelèjo
Li gènt trop countènt

Bèu-bèu dóu printèms
Lou brave soulèu que ris
Mai pèr quant de tèms

Printèms en avanço
Flour blanco que barjacon
Lou soulèu aqui

De mes pèr sourire
Regarda la vido en blanc
Ansin vai lou tèms

Brave gau-galin
Rouje coume un pebrounas
Mai mounte èi lou negre

Lis aucèu countènt
La naturo fai coume éli
Pas bello la vido

D'aubre e de flour blanco
Un bèu mounde que respiro
Qunto bello epoco

Vaqui lou cèu blu
Lis aucèu que fan cui-cui
Uno reneissanço

Encaro l'ivèr
Uno sesoun intre dous
Espera pèr vèire

L'amour bèn countènt
Moustra lou bout de soun nas
Lou soulèu jalous

L'amour dins li branco
Foulastrejo coume un foui
Regardas soun arc

Un chivau que bramo
De bràve gènt que reguignon
La memo famiho

Uno cabro belo
De mòti que van veni
Uno bello fèsto

De pichots agniéu
Bramadisso de pichot
Mi pàuris auriho

D'aucèu dins lis aubre
Plen de cansoun dins li branco
Lou soulèu que ris

Un cabri que sauto
Un chin japo dins la niue
Bello sinfòni

Voun-voun dins lis aubre
Un bel eissame d'abiho
Lèu garça lou camp

Parpaioun de jour
D'àutre van veni la niue
La memo famiho

Grihet dins la niue
La musico di tenèbro
Res pèr escouta

De rate-penado
Lou diable que se proumeno
La niue bèn countènto

Cataras countènt
Catarassso d'en pertout
De chin que japon

De pichot piéu-piéu
Mama galino davans
Ah ! lou bèu camin !

La plueio que plouro
De lagremo d'en pertout
L'erbo bèn countento

De nivoulas negre
Marrido plueio aqui
Subran de boum-boum

Plueio dóu printèms
D'aigo n'en vos n'en vaqui
Rempli li ferrat

Taiso-te la plueio
Moun paure cor èi malaut
Rèn pèr lou garri

Plueio dins lis aubre
D'ùni rison d'àutre noun
Parrié pèr li gènt

Que d'aigo que d'aigo
Un cèu tout negre que plouro
Lou soulèu que ris

La plueio que canto
La cansoun de l'amour triste
Chasque jour sa peno

La plueio finido
L'erbo verdo bèn countento
Reviéure deman

La plueio en fèsto
Li cacalauso countènto
À chascun si goust

Reineto countènto
La plueio fai soun mestié
Bèu travai bagna

Canto bello plueio
Li nivo te fan la fèsto
Enjusco à deman

Un sanglié countènt
Barrulage dins la colo
Un cop de fusiéu

Tourtouro que canto
Poulido cansoun d'amour
De pijoun jalous

Cha-cha de mountagno
Li tourdre soun à-coustat
Bravo famiheto

Vaqui uno serp
Se rebalo plan-planet
Pièi subran s'escound

Té uno rassado
Charro amé un aubre verd
La memo coulour

Un darboun tout negre
Sinça dessouto la terro
Belèu un amour

Un bòchi uno cabro
Deque podon bèn se dire
Quàuqui mot d'amour

De voun-voun dins l'erbo
D'abiho e de guèspo ensèn
Mai qunte travai

Fourmigo au sòu
Fan soun travai de fourmigo
Mai forço badaire

Esquiróu dins l'aubre
Un pau coume un acroubate
Res pèr amira

Un tessoun la niue
Travessa lèu-lèu la routo
Subran uno autò

Tessoun et darboun
Se passeja dins la niue
Uno autò que vèn

Uno aiglo dins l'èr
Un garrit que se passejo
Lou poulit dina

Un chin dins l'oustau
Un cat dins lou meme oustau
De poutoun ensèn

Galino deforo
Lou reinard amé soun nas
Ah la bono óudour

Vaqui uno agasso
Uno autro arribo à coustat
Pan de cop de bè

Granouio dins l'aigo
Un aucèu liuen dins lou cèu
Coume se parla

Un bióu dins l'establo
Un chivau que fai de courso
Pas lou meme mounde

Verme dins la terro
Pacan en trin de laura
Jour d'à passa tèms

De pèis dedins l'aigo
D'aucèu tout en aut dis aubre
La memo óurigino

De chivau de courso
De chivau d'à passa tèms
Charra de la plueio

Cabro que cabreto
De fedo que fan parié ;
Deque se dison

De bestiàri e d'erbo
Bèu mesclun dins la naturo
Lou cèu blu que bado

D'aubre e d'erbo verdo
Poulit tablèu sènso res
Lou cèu foutougrafe

Aubre dins lou cèu
Nivo dessus li campas
Lou mounde à l'envers

Chivalas dins l'erbo
La riboto touto en verd
Nivo qu'espinchon

Aubre tout en verd
Li fueio tambèn en fèsto
Mèfi de l'autouno

Bèsti dins lou prat
La bello sesoun d'estiéu
De gènt que passon

Lou verd de l'estiéu
Lou cèu blu la sablo d'or
Chavano darrié

Bestiàri d'estiéu
Que de mounde dins li prat
L'ivèr deman qui

Mueio dins li bos
Tout lou ferun que vèn béure
Res que vèn bada

De mourre-pourcin
D'àutri planto dins lou prat
Garrouio tambèn

De tavan dins l'èr
Tout un mounde que vounvouno
Li coua di chivau

Abiho e gèspo
Vounvoun parié dins l'estiéu
E de cop de bè.

Vilo de Prouvènço
Lou grand vounvoun dis autò
Parié d'en pertout

Carriero e touristo
Lou cèu d'estiéu fai si freto
Dardeno countènto

Poulit vilajoun
Li colo que l'aparon
Bello vido que

Rouino d'un castèu
De glàri dins li muraio
La vièio Prouvènço

Souleias d'estiéu
Touto la Prouvènço dor
La siesto la reino

Colo de Pagnòu
Tóuti li pin que charron
Just lis escouta

Vilage e grand vilo
Plen de causo de se dire
Lou soulèu qu'escouto

Bàrri prouvènçau
De souveni escoundu
Inventa l'Istòri

D'oustau dins la vilo
Quàuqui vièi jas dins li colo
Lou vènt lis escouto

Bràvi gènt de vilo
Bràvi gènt dins li vilage
La Prouvènço bado

Jas dóu tèms passa
Mounte soun passa li fedo
Dins li vièi pantai

Tratour que travaio
Longo rego sus la terro
La niue vai veni

Motur dins li terro
Machino que fan que courre
Ounte soun lis ome

Recordo de fru
De mounde souto lis aubre
Meme de fielat

Un grand tenamen
De terro à perto de visto
Pamens vèire res

De pomo d'amour
L'estiéu que lis amaduro
Vaqui la machino

Uno meissouniero
De travai autoumati
Lou blad sènso fèsto

Li chivau parti
Vièi mounde d'à passa tèms
Pamens ansin siegue

De bras pèr la terro
Un brave tèms esvali
Res dins li campas

Planto trasgenico
Toujour inventa lou mounde
Mai pèr deque faire

La terro laurado
Ges de verme ges d'aucèu
Bèstis enfugido

Salado bèn verdo
Bèn coumènça lou dina
Lou roustit arribo

Lou vin fai riseto
Quàuquis iue parpelèjon
La siesto après

Un mouloun de gènt
Un long dina de dos ouro
D'ùni que dormon

Just un beberoun
Pamens un poulit dina
Un nene s'endor

Just un pan-garni
Un dina simplifica
Riboto deman

Uno vido simplo
La soupo d'à passa tèms
Festin pèr pas rèn

Un bèu restaurat
Un grand dina de-segur
Que de regardelo

De pèis dins li sieto
La mar pas liuen que regardo
Lis enfant manjon

Liéume dins li sieto
Lou bon tèms dins lou jardin
Lou soulèu qu'èi mort

De pastissarié
Deja d'iue pèr li manja
Lou pantai feni

Un bos plen de grand pin
D'esquiróu couron dessus
D'aubre indiferènt

Uno mar près d'un bos
Assaja de barjaca
Pas li meme mot

La mar e la plajo
Sablo pèr tóuti li dos
Lou poulit partage

De duno de sablo
L'oucean pas forço liuen
Se poutouneja

Taiga e toundra
Parti vers lou bout dóu mounde
Grand païs mai res

De sablo mouvedisso
Parti tout au founs de la terro
La drolo d'idèio

Matin à mar semo
Just óublida l'oucean
Subran l'aigo aqui

Quàuqui gros biòu d'aigo
Tout lou vilage nega
Pas lou proumié cop

Lou gris souleias
Li bràve gènt ensuca
Marrit tèms d'estiéu

Plueio e soulèu
Lou Diable pico sa femo
Couioun de badaïre

L'èr fres que barrulo
Faire tout lou tour dóu mounde
Sibla sus lou mau

Un bel èr de fèsto
Mai faire mèfi tambèn
De póusso dins l'èr

Lou mistralas reno
Tóuti li gènt fan parrié
Lou mounde entié reno

Lou vènt de la plueio
Lou marrit tèms que se lèvo
Subran lou soulèu

Pichot ventoulet
Charra amé tout lou mounde
Subran la chavano

Un marrit bisas
De bacèu pèr li grands aubre
Amoussa soun blest

Briso sus la mar
Pichots batèu que danson
Lou soulèu regardo

Vènt dins la mountagno
Charra amé li bestiàri
Lis ome soun liuen

Ciclone eilabas
Quauque part au bout dóu mounde
Lou mistrau jalous

La roso di vènt
Chascun seguis soun camin
Pas besoun de res

Un vènt que refresco
Bràve gènt tóuti countènt
Éu s'envai plus liuen

Un bisas glaciau
Descèndre dóu pole nord
Li gènt escoundu

Un marrit vènt fres
Lou vènt caud vèn de la mar
De grand flume d'aigo

Quàuqui crid en aut
D'aucèu canton dins la vilo
Naturo en gabiolo

De chin pèr carriero
De poutoun de cop de dènt
Parié pèr li gènt

De gros cataras
Barrulage dins la vilo
Cadun pèr sa pèu

Zouou dins la vilo
De bestiàri embarra
De pantai d'Africo

Gàrri dins la vilo
Courre dins li fanguihau
Mai deque manja

D'aucèu que canton
De musico dins la vilo
Pamens res enten

Li loup dins la vilo
Lis entendès-ti brama
Coume tant de gènt

Pèis dins un bacin
Rouge coume de pebroun
Pantai d'oucean

Singe que rison
Se garça di pàuris ome
Lou mounde à l'envers

Fedo dins la vilo
Li marcat d'à passa tèms
Mounte siés vièi mounde

De vièi maquignoun
De pache d'à passa tèms
Ounte soun li fiero

L'escolo au printèms
Lis aubre dison bonjour
Aucèu que canton

Mèstresso d'avans
Téulissoun d'à passa tèms
De pichot li meme

Un mèstre d'avans
Cop de règlo sus li det
Lou bon tèms pamens

L'ivèr e la nèu
Un long camin dins la fre
Escolo toujour

Rintrado d'escolo
De fueio jauno e l'autouno
Qunto bello epoco

L'estiéu li vacanço
Lou soulèu fai de riseto
Cartable qu'espèro

Canta dins l'escolo
Jour de soulèu jour de plueio
Poulit souveni

Canta pièi ploura
Pièi travessa li sesoun
Souveni d'escolo

Pantai de printèms
Souveni di jour d'autouno
L'enfanço bèn liuen

De blodo e tablèu
Escouta li mot dóu mèstre
Sesoun benesido

Flour pèr la mèstresso
D'iue que dison gramaci
Naturo countènto

Un autro semano
Forço mot que van giscla
De paraulo verdo

Un mes de passa
De flour se soun amoussado
Lou printèms aièr

Noumbrousis annado
Lis escut à trepala
Lou soulèu s'en pinto

Just un moumenet
Lou tèms d'un cant de cigalo
Lou poulit estiéu

Li jour que passon
Mon Dieu ! Que de causo à vèire !
Sesoun que badon

Just uno minuto
La mostro comto lou tèms
Li sesoun lis ouro

Lou clouquié que dindo
Tóuti li jour èi parié
L'erbo toujour verdo

Lou metaloufonò
Èi l'ouro di milo éurò
Bonur vers miejour

Lou printèms éi mort
Lou tèms a sourti sa daio
L'autro sesoun qui

Un milié d'annado
Que de sesoun esvalido
Lou plantun n'en parlo

Osco li sesoun
Gramàci pèr lou bonur
Encaro long-tèms

Chivau que charron
Dequé podon-ti se dire
De mot de bestiàri

D'aucèu de poutoun
L'amour que vèn d'espeli
Deman marridage

Un gau de galino
Viro-viro de l'amour
Lou printèms que bado

Uno cabro ris
De pichot vènon teta
Un poulit tablèu

Lou ferun countènt
La naturo e si bèu bèu
Lis aubre escouton

Reinard atentiéu
De qunte coustat lou vènt
Demanda is erbo

Lou soulèu lis aubre
Uno poulido famiho
Li sesoun countènto

Marmoto endourmido
Pantaia dóu bel estiéu
Aqui dins sièis mes

Cacalauso e plueio
Istòri d'aigo que cour
Lou flume regardo

De pèis dedins l'aigo
D'aucèu dedins li grands aubre
Pamens se parla

Lou riéu dis bon-jour
Li ribo lou regardon
L'aigo bèn countènto

Ase pèr touristo
Barrulage dins li colo
Prouvenço countènto

Lapin dins li colo
Un bon dina d'erbo fresco
Manja soun sadou

Perdigau en l'èr
Li cassaire qu'esperon
Faire la fotò

Bestiàri escoundu
Barrula just la niue
Res pèr espincha

À la Font de Mai
De bràve gènt de bestiàri
Naturo pèr tóuti

De pichot countènt
D'ase pèr li proumena
La naturo espincho

Li colo e li gènt
Aquéu bèu mounde que charro
Plen de causo à dire

D'aucèu amé d'ase
De poulits mot de bestiàri
Li gènt que badon

Un pous dins li colo
D'aigo que dor tout au founs
Un tèms esvali

Colo e gau-galin
Lou verd lou rouge mescla
Lou cant dóu printèms

Bestiàri countènt
Lou mes de mai dis bonjour
E zóu de poutoun

Soulèu en Prouvènço
Li touriste soun aqui
De voun-voun d'abiho

Bon-jour tu l'estiéu
La calourasso mai qui
Siesto amé lis aubre

Cigalo que canton
Lou travai póu espera
Deman vai veni

Bonjour bràvi gènt
Barjacaire d'en pertout
Li mot malurous

Subran la chavano
La Prouvènço èi en coulèro
Deman lou soulèu

Fèsto pèr touristo
E bado que badaras
Pàuris iue d'estiéu

Broum-broum lis autò
Petaraduro d'estiéu
Touristo en repaus

Vaqui li bèu jour
D'espetacle d'en pertout
N'en vos n'en vaqui

Esquiròu d'estiéu
Bada d'estrangi bestiàri
Touristo segur

Lou vilage èi foui
Que de mounde que de mounde
Queste ivèr plus res

Fiero di couioun
Plen de bebèi d'en pertout
Li rèire carculon

Un darboun que ris
La fèsto d'amour la niue
Mai lou jour que vèn

Pichot martinet
Au sòu plus pousqué voula
Bada la fenèstro

Bonjour li bestiàri
Bello journado que vèn
Uno poutounado

Bestiàris ensèn
De bonjour e de poutoun
Pourvu qu'acò dure

Se sarra la man
Un pau coume fan li gènt
De bacèu plus tard

De gènt de bestiàri
Tout lou mounde èi countènt
Lou soulèu que ris

De chut-chut dins l'erbo
La naturo dis bonjour
Lou cèu blu qu'espincho

Un aubre carculo
Vèi de nivo sus sa tèsto
Qunto sesoun sian

Vaqui li gros nivo
La plueio mostro soun mourre
La sesoun biquèjo

Un mouloun de nivo
S'enana vèire plus liuen
L'estiéu que coumando

D'ome dins li nivo
Li nivo que carculon
Qunte tèms deman

Pichot ventoulet
Poutoun pèr li bràvi gènt
La biso jalouso

Li vènt de la terro
Rendès-vous tóutis ensèn
Pèr deque se dire

Lou soulèu li vènt
La naturo vai soun trin
Lis aubre impassible

Lou soulèu lou mèstre
Lis estello pas d'acor
Lou cèu se n'en pinto

La mar lou cèu blu
Subran de nivo tout negre
Drole d'arc-de-sedo

Lis an an passa
De sesoun soun forço liuen
D'ome toujour qui

La biso que boufo
Lis aubre beisson la tèsto
Que de marrit tèms

Qunte bel estiéu
Li pèu van deveni negro
Lou soulèu que ris

L'autouno que vèn
La plueio fai si bèu-bèu
Marrit tèms bèu tèms

Darnagas d'estiéu
D'àutri darnagas l'ivèr
D'aucèu bèn urous

L'estiéu deja qui
Lis àutri sesoun jalouso
Chascun soun bonur

Tanka prouvençau

L'estiéu la calour,
Li touristo e soun vounvoun ;
Lou soulèu fai si freto ;
Deman la plueio d'autouno,
Lou marrit tèms, si bèu-bèu.

Li campas tout verd,
Uno mar, un cèu tout blu,
Un souleias d'or.
Marridage de coulour
Mai li coulour van vira.

Vaqui lou bon vin,
L'aigo que cour liuen di vigno,
Lou proumié cafè.
De grand flume sus la terro,
De fielat pèr d'àutre gènt.

Bonur dóu matin,
La cansoun d'un marrit gau,
Lou cafè, lou la,
Seguido de la journado,
Un poun d'interougacioun.

La rodo que viro ;
Un moutour que s'enten pas,
De milié de tour ;
Parié despièi tant de tèms,
Ges de debuto, de fin.

Lou lau Sant-Andriéu,
Bràvi bestiàri sus l'aigo,
De gènt que passon,
Souveni d'à passa tèms,
Image di jour luenchan.

Li vióuloun dóu bal,
De pas, de pèd d'en pertout,
Bonur e musico ;
La niue que regardo tout,
Lou jour a barra sis iue.

Lou soulèu en fèsto,
Bello vido sus la terro ;
Bràvi gènt cantant,
Un ome part en gabiolo,
De marrit jour pèr deman.

De vigno au printèms,
L'estiéu canto dins li terro ;
Setèmbre s'envèn ;
De cournudo touto pleno,
L'ivèr póu moustra soun nas.

L'avioun dins lou cèu,
L'auceliho dins lis aubre,
Touto meno d'alo ;
Un pouèto dins li nivo,
Tout un mounde dins lis èr.

L'oustau dins li bos,
Ges de brut pèr partaja,
Just un pau de vènt ;
Res pèr escouta l'istòri,
Liuen la vilo e lis estello.

Ges de chaminèio,
Just un gran fiò d'artifice,
Bruladou mouderne ;
Ounte soun li vièi fougau ?
Cremant dins quàuqui pantai ?

Marmoto que dor,
Linçòu blanc sus la naturo,
L'ivèr soun mantèu ;
Grand repaus avans l'estiéu,
Soun troupelas de curious.

Bedigo en mountagno,
Un pastre d'à passa tèms,
Image lunchenco
Mai l'avé dins lou camioun,
Camin vers uno autro epoco.

Marmoto escoundudo,
Sèrp que cour dins li roucas,
Aucèu dins lis aubre ;
La vido sènso charra,
De paraulo pèr degun.

La grand vilo en bas,
La mountagno tout en aut,
De gènt au mitan ;
Uno cansoun de toustèms
O cansouneto pèr rèn.

Un camin pèr rèn,
De routo dóu bout dóu mounde,
Quàuqui carreiroun ;
S'arresta pèr carcula,
Qunto destinacioun vuei ?

De gros iue de carpo,
Pichots iue d'aucèu en aut,
Lou regard dis ome ;
Ges de paraulo dins l'èr
Pamens lou bèu mounde espincho.

Lengo regiounalo,
Tóuti li parla dóu mounde,
Mémi causo dicho ;
Paraulo blueio d'amour,
Mot pèr parti à la guerro.

Rounflado d'ivèr,
Lou marrit tèms que s'encagno,
Ventaras e nèu
Pamens lou blanc de sesoun,
La nèu coulour de la pas.

Pastre dins lou cèu,
Un pouèto dins soun nivo,
Pantai d'àutri tèms ;
Pousqué ratrapa lis an,
Subran lou jour que s'envèn.

Plueio que s'envèn ;
L'autouno qu'èi deja qui,
Fueio que toumbon ;
Vièi ivèr que se preparo,
Vièi printèms que revendra.

Un chinas que japo,
Un pichot cadelas cour,
Ami enemi ;
Dous ome li regardon,
Autro meno de bestiàri.

Planour tout en aut,
Lou mounde vist autramen ;
Segui lou bon vènt ;
Subran retour sus la terro,
La vido toujour la memo.

Forço gènt dins l'aigo,
De gros pèis e de pichot
E d'ome pamens ;
Souveni d'à passa tèms,
Just quàuqui milioun d'an.

De barco sus l'aigo,
D'avioun en aut dins lou cèu,
Just un trin que passo ;
Courso darrié de pantai,
Prendre la filo e rèn dire.

Lapin dins l'armas,
Farigoulo pèr manja,
Tóuti li jour fèsto ;
Pamens lou tèms que s'escapo,
Liuen farigoulo e lapin.

De grame pertout,
Vièi ome gibla en dous,
Eissado au soulèu ;
Dor l'óutis d'à passa tèms,
Pichot musèu pèr touristo.

Un moulin que viro,
Carreto e si sa de blad ;
Deman de farino ;
Lis an que fan soun camin,
Image d'à passa tèms.

De fen à campa,
La carreto bèn cargado,
Viage de pasturo ;
Mai mounte soun li chivau,
Soulet dins lou vènt de niue.

Un marrit raumas,
Fre que s'enven de pertout,
L'ivèr à passa ;
De jour de soulèu plus tard,
Uno insoulacioun belèu.

Un cant sus li terro
De mot tout en prouvençau,
Poulido musico
Just lou vènt lis emporto,
Res dins li vièii campagno.

Canèu tout en bas,
Uno pibo vers lou cèu,
Ninfèio dins l'aigo ;
Belèu li méme pantai,
Li pèd tout plen de fresquiero.

Lou Rose en coulèro,
D'aigo pertout dins li terro,
Li gènt pas countènt.
Un flume countraria,
Fabrico qu'an tout chanja.

Vaco dins li prat
De bióu dedins lis areno
Bestiàri parié
D'ome countènt pèr soun vèntre
D'ome countènt pèr sis iue

La rodo que viro,
Lou moulin que fai de pan,
De farino blanco ;
Aro res dins la fabrico,
Uno machino fai tout.

Pèis mort dins lou flume,
Vèntre se proumena en l'èr,
De pouisoun dins l'aigo,
Grata lou flume dous siècle
Marridige dins lou founs.

Cataras que miaulo,
Degun respond dins la niue,
Brama tout soulet.
Catarasso liuen souleto,
Un autre amour que l'espèro.

Madamo canard,
Plen de pichot tout autour ;
Pas perdre sa maire
Mai un jour faire sa vido,
Barrula sus d'àutris aigo.

Pouletoun soulet,
Mai mounte èi passa la maire :
Just un pau plus liuen.
Courre pèr la retrouba
Marrido sèrp escoundudo.

Gàrri dins l'oustau,
D'autre plus liuen dins li terro,
Chascun soun indré
Mai cataras de pertout ;
Tóuti cercon soun dina.

Tessoun escoundu,
Bel oustau souto la terro,
Barrula la niue
Mai toujour se mefisa,
D'ome passon pèr aqui.

Lou matin l'eigagno,
Lou soulèu que parpelèjo,
L'erbo se reviho ;
Bràvi gènt dins sis oustau,
Just espera lou grand jour.

La plueio pèr vuei ?
Mai noun sara de bèu tèms !
Lou soulèu cantaire
E chascun dis soun idèio ;
D'acò lou tèms se n'en pinto.

Barjaca lou jour,
Se teisa, dourmi la niue,
Chascun fai ansin
Mai subran res sus la terro !
La vido a garça lou camp.

Té ! un champignoun
Just pèr s'empouisouna !
Dis subran qaucun.
Lou pouisoun èi dins lou flume,
Lou pouisoun èi dins li terro.

De cop de fusiéu,
Lou gibié cour de pertout,
Rempli lou carnié.
Pamens i'a plus ges de lèbre,
Just quàuqui souveni.

Reinard que courron,
La courso dins la naturo,
Dequé aganta ;
Anan lèu ié demanda
Quouro li ratraparen.

De vaco couchado,
De chivau las dins un prat,
Bedigo au sòu ;
À coustat de gènt courron,
Lis aubre li regardon.

Tavan que tavano,
Mousco que fan que vira,
Abiho parié ;
Se leva lèu de davans,
Garça lou camp eilabas.

De poulìdi fado,
Vièii masco dins la niue,
Quàuqui fouletoun ;
Urousamen i'a ges d'ome,
Preguiero pèr qu'acò dure.

Un roussignòu canto,
De granouio fan parié,
Un grihet tambèn ;
Bello musico de niue
E musico de toustèms.

La biso que canto,
La marrido fre que cour,
Un mounde glaciau ;
La terro viro pamens
E soun voun-voun countùnuio

La niue en ivèr
Tóuti li masco dormon
Li fado parié
Li gènt dedins si oustau
Escouta lou brut dóu fiò

Escoutas l'ivèr
Sa cansoun blanco de nèu
Drolo de musico
Mai mounte soun li vièi fiò
Li calour d'à passa tèms ?

Li niue de janvié,
La cansoun dóu ventaras,
Musico de fre ;
L'ivèr fai si gros bèu-bèu
E si poutounas de glaço.

Vounvoun di tavan
Lou souleias revengu
La rodo a vira
E la cansoun que revèn
Amé sa musico d'or.

Un bèu jour l'ivèr,
D'àutri bèu jour pèr l'estiéu,
Plueio pèr tóuti.
Bràvi gènt jamai countènt.
Lou mounde que se n'en garço.

Vaqui de lapin
De quièu blanc souto la luno
Bèu mounde la niue
La farigoulo dis rèn
Pamens n'en pense pas mai.

Un parla de niue
De mot abiha de negre
Discours sènso lume
D'ome que se veson pas
Dóu tèms que lou soulèu dor.

Tout un mounde en or,
Lou souleias dins li vigne,
La naturo crèmo.
Subran lou fiò dins li bos
E l'estiéu que devèn foui.

Musico dóu vent,
La bisasso dins l'ivèr,
Ventoulet de mar.
Li grands aubre dison rèn
Davans l'èr que fai si freto.

Lou flume en coulèro,
Li raias que rounguignon,
Lou pous pas countènt
E la grando mar que ris
Liuen dins soun inmensita.

De gènt dins li bos,
Uno bello dimenchado,
Lou soulèu aqui.
Li bestiàri soun curious
En vesènt lou desfila.

Bestiàri ensen,
Que de mounde dins li bos,
Deque se dison.
I'a d'auriho que siblon,
Quàuquis ome que passon.

De chin dins li bos,
De cassaire passèjon,
La memo famiho.
Mai lis aucèu s'escoundon,
Cantaran un autre jour.

La nèu dins li bos
Fai soun bèu travai de nèu
E dis jamai rèn
Mai lou soulèu, tout en aut,
Ris e n'en penso pas mens.

Li bos dins l'ivèr,
I'a degun pèr passeja,
La marrido fre.
Soulèu qu'espèro soun tour,
Li bràvi gènt fan parié.

Fourmigo au travai
Carejon tant que podon
Tout ço que trobon.
L'ivèr poudra bèn veni,
I'a de mounde que l'espèro.

La cansoun di branco,
Lis aubre que dison rèn,
Bràvi gènt en bas.
Lou tèms se garço de tout,
Plegara tout aquéu mounde.

Sijo prouvençau

7/7/7/8/8/8
7/7/8/7/8/8
6/8/7/8/9/6
6/8/8/7/9/6
6/8/7/8/6/9
6/8/8/7/6/9
8/6/7/8/9/6
8/6/8/7/9/6
8/6/7/8/6/9
8/6/8/7/6/9

La niue cour dins li campas (7/7/7/8/8/8)
Amé son grand mantèu negre ;
De bestiàri fan la fèsto
Amé si long mot de bestiàri ;
Li gènt dormon dins sis oustau
E lou mounde póu s'escroula.

Un aubre amé un autre aubre
Charron dóu bèu tèms, de la plueio ;
Mai dequé podon se dire
Despièi lou tèms que barjacon ?
Tóuti lis aucèu dins li branco
Se n'en pinton en fabricant soun nis.

Lou printèms sort soun grand nas,
Respiro dins la naturo ;
L'ivèr a garça lou camp
Vers li païs dóu bout dóu mounde
Pamens saup qu'un jour revendra
Aqui ounte tóuti l'espèron.

Té ! Vaqui lou mes de mai
Amé si raioun tout caud !
Li flour canton sa cansoun,
Li bestiàri mostron soun mourre,
Li bràvi gènt soun bèn countènt,
E iéu siéu coume un darnagas.

La fèsto de la naturo
E soun panié de soulèu !
Lis aucèu fan sa cansoun
E lis aubre van verdeja !
Té ! Dis quaucun, sian au printèms !
E li bestiàri de brama.

La bravo erbo que verdejo
Raconto sa vido en tóuti ;
I'a d'àutri gènt que passon
E quauqui bestiàri s'arrèston
Mai uno erbeto e soun istòri
Interesso pas forço mounde.

Dous aubre charron entre éli (7/7/8/7/8/8)
De la plueio, un pau de tout ;
Volon refaire noste mounde
Coume tant de gènt di vilo ;
Subran vaqui que se taison
En vesènt d'aucèu qu'escouton.

La vilo vèn dins li bos
Se passeja lou dimenche ;
I'a un tout un grand flume d'autò
Que cour au mitan dis aubre
E la séuvo escouto aquéu mounde
Amé sis istòri de vilo.

La nèu amé lou soulèu
Assajon de se parla ;
Chascun sort tóuti si bèu mot,
La counversacioun coumenço ;
Fin finalo parlon parié
Amé li mot de la naturo.

I'a un grand flume que passo,
Seguis soun camin, dis rèn ;
La séuvo e tóuti lis grands aubre
Regardon lou grand bestiàri ;
D'aubre voudrien parti ém'éu
Courre vers lou mounde eilabas.

La ribiero plan-planet
Fai soun camin de ribiero ;
Tout au bout de soun estirado,
Vèn se jita dins lou flume ;
Lou flume se pren pèr lou mèstre,
La ribiero se fai pichouno.

De camioun dessus un lau,
Marrido sesoun d'ivèr ;
La Moungoulió èi pamens liuen
Amé si camin de glaço
Mai li bràvi gènt de Prouvènço
An fre rèn que de vèire acò.

Un èr fres di mountagno (6/8/7/8/9/6)
Vèn se permena dins la plano ;
Duerb bèn grand si bèus iue
E met soun mourre d'en pertout ;
Manjo tóuti li gènt de la vilo
E pièi subran s'entourno.

Lou vènt s'envèn de liuen,
Amé soun grand boufa de vènt ;
Raconto tout ço qu'a vist
À la naturo revihado ;
Quand a fini de tout racounta,
S'envai rena plus liuen.

Lou bisas de janvié
Barjaco amé lis aubre blanc ;
Se crèi de-bon lou plus fort
E vóu toujour agué resoun
Mai lou tèms fai soun travai de tèms
E lou bisas s'envai.

Lou ventoulet de mar
Vèn racounta si souveni ;
Dis tout ço qu'a vist, l'estiéu,
Dóu tèms di touristo tout negre ;
I'a res vuei pèr veni l'escouta
Alor, subran, s'endor.

Lou vènt de la mountagno,
Segur que vai me rendre foui ;
Ai barra mi dos auriho
Pèr plus entendre soun sibla ;
Aquéu galavard vèn de gagna
E me vaqui gaga.

Lou ventaras que reno
Fai si rounflado sus la terro ;
Laisso un païs pèr un autre
E s'envai vèire d'àutri gènt ;
Li bràvi gènt ié mostron sa caro
Quistant uno caresso.

Lis aubre soun countènt (6/8/8/7/9/6)
D'èstre encaro toujour aqui
E barjacon tant que podon
Despièi tant d'annado ensèn ;
Subran vaqui lou grand marrit tèms ;
Tóuti garçon lou camp.

I'a un sause que plouro ;
Si lagremo tombon au sòu ;
Quaucun l'espincho tant que póu
Amé de grands èr curious ;
Éu dis que sa femo, soun amour,
Vèn de garça lou camp.

Près d'un camin se vèi
Uno pibo, lou nas en l'èr ;
Regardo lou mounde passa
E barjaca tant que póu ;
Alor la pibo se mèt à rire
D'aquéu gros troupelas.

Un marrit agarrus
Lèvo soun grand nas vers lou cèu ;
Niflo l'èr e lou bel autouno
Quand la plóuvino se lèvo
Pièi penso en tóuti li bràvi gènt
I pantai calendau.

Quauquis éuse charron
De la plueio, dóu tèms que passo
Pièi regardon li cacalauso
Faire soun pichot camin ;
Li roure, la tèsto dins li nivo,
Rèston indiferènt.

Li pin au souleias
Regardon la grando mar blueio ;
Li sapin dins li bouscarasso
Regardon toumba la nèu
E touto aquelo bello famiho
Fai la fèsto dis aubre.

La cabre fai de la (6/8/7/8/6/9)
Amé si gràndi pousso pleno
Mai uno vaco es jalouso
E la regardo de travers ;
Alor li dous bestiàri
Coumènçon lèu de se charpina.

Uno vaco d'estiéu
Manjo d'erbo dins un grand prat ;
Lou soulèu dardaio fort
E canto sa bello cansoun ;
La vaco se n'en pinto,
Manjo sènso pensa à l'ivèr.

L'estiéu dins la mountagno,
Es coume un grand rèi sus la terro ;
Soun vièi coumpan lou soulèu
Mando si noto de vióuloun ;
Subran un nivo negre
Vèn mètre soun grand nas entre éli.

Un troupelas regardo
Li barrulaire que passon ;
Tout lou mounde se regardo
Sous lou souleias de juliet ;
Pièi, li gènt e li bèsti
Se mèton à refaire lou mounde.

Un cabri, un agnèu,
Charron dóu mounde e de la vido
E lou tèms s'envai plan-plan ;
Barjaco que barjacaras ;
Si maire li sonon :
Èi subran l'ouro d'ana dourmi.

Uno fedo braveto
Vèn lipa un moussèu de sau ;
Uno autro arribo plan-plan
E se met tambèn à lipa ;
Subran lou troupelas
Óublido l'erbo verdo dóu prat.

De gènt dins li carriero (6/8/8/7/6/9)
Charron dis afaire dóu mounde ;
De chin, de cat lis escouton,
Lis auriho bèn duberto ;
Quouro an tout entendu,
S'envan lèu-lèu passeja plus liuen.

De mounde que barjaco
Dins la carriero de la vido ;
E patati et patata !
Que de causo à se dire !
Subran uno chavano,
Li para-pluieo soun de la fèsto.

De gènt amé de gènt,
De chinas amé de chinas ;
E tóuti passèjon ensèn
Sus li camin de la vido ;
Quauqui gros darnagas
Regardon lou poulit espetacle.

D'ome, de femo ensèn,
Assajon de faire lou mounde ;
Boudiéu ! Que de travai, que d'obro
Avans d'agué tout fini !
Alor s'arèston un pau
E fan un pichot que ié ressèmblo.

Taiso-te barjacaire !
Que fas pòu i pichot dis ome !
Dises un pau que que siegue,
Fas courre meme li bèsti ;
Té ! Regardo li branco !
L'auceliho a barra sis auriho.

Un brave ome que reno,
Uno femo que fai coume éu,
Es lou mounde entié que rounguigno
Coume un pourcassas malaut ;
Urousamen, en l'èr,
Un brave aucèu canto sa cansoun.

Un aucèu que canto la niue (8/6/7/8/9/6)
E que souno sa bello ;
Aquello arribo, countènto,
E se lipejo amé soun ome ;
Iéu coume un darnagas li regarde
Se manda de poutoun.

Un poulit roussignòu que canto
Dins la niue de l'estiéu ;
Li grands ourquestro soun liuen
Amé si vióuloun, si troumpeto ;
Mai pas besoun d'ana courre liuen,
Lou bonur èi dins l'èr.

Uno machoto dins un aubre
E si crid de machoto ;
Fai sa vido dins la niue
Sènso vèire un pau lou soulèu ;
Li bràvi gènt dedins sis oustau
An l'èr d'aucèu de niue.

Li courpatas voulastrejon
Dins lou castèu tout negre ;
Li demòni de la niue
Fan de tarabast tant que podon
Alor, subran, Lucifèr éu-meme
Vèn ié faire si panto.

Li rato-penado volon
Dins la niue touto negro ;
Fan un tarabast d'infèr
Dins soun oustau de la mountagno
Alor lou Diable mostro soun moure
E tóutis ensèn danson.

Li bràvi galino dormon
Dins soun bèu galinié ;
Fan de pantai de galino
Mounte i'a jamai de reinard
Mai subran lou grand gau se reviho
E vaqui lou grand rèi.

Un limbert cour sus li muraio (8/6/8/7/9/6)
Que manjon lou soulèu ;
Se regalo de la calour
Ounte juliet fai riseto ;
D'àutri gènt bèvon la calourasso
Estendu sus li plajo.

Tóuti li bestiàri d'estiéu
Lipon lou souleias ;
La vido a sourti si bonur
Dedins li bos e li prat
E degun penso au marrit ivèr
Amé si lòngui dènt.

Uno sèrp cour dins li campas
E béu tout lou soulèu ;
Fai bon se permena pertout
Dins la sesoun benito ;
Pamens faire mèfi de la routo,
I'a un nèsci que meno.

Lou ferun d'estiéu se regalo
Dins li mountagno fresco ;
L'erbo èi bèn verdeto pèr tóuti,
La nèu a garça lou camp ;
Pamens li bèsti soun en chancello
Quand passon quauquis ome.

Un riéu fai soun camin d'estiéu
Sus la terro endourmido ;
Segur pantaio de la plueio
E d'aigo dedins si bras ;
Lou soulèu fai sa marrido tèsto
E se tapo lis iue.

Tóuti li fru dóu bel estiéu
Mandon lis iue en l'èr ;
Se soucamen i'avié un nivo
Amé quauqui ferrat d'aigo ;
Lou cèu rèsto blu coume un cèu blu,
Li fru plouron pèr

La mar charo amé lou cèu blu, (8/6/7/8/6/9)
De la   vido e de tout ;
Lis aubre dedins li bos
Charon amé li nivo en aut ;
Tout aquéu poulit mounde,
Coume lis ome, refai lou mounde.

Un aucèu charo amé un aubre
De tóuti si soucit ;
D'ome que passon tout en bas
Parlon de ço que li carcagno ;
Subran l'aubre e si branco
Garçon lou camp, van vèire plus liuen.

La nèu amé lou cèu tout blu
Barjacon tóuti dous ;
Charron di gènt e di bèsti,
De ço que fai courre lou mounde
Pièi, coume d'amourous,
Se poutounejon e se separon.

Li nivo, la terro e lou cèu
Tiron de plan ensèn ;
Volon refaire lou mounde,
Un pau miés, acò éi segur ;
Subran lou marridige
Vèn samena tóuti si garrouio.

Vaqui lou bisas et la fre,
Sis èr di marrit jour ;
Li gènt baron sis oustau
En esperant un tèms plus siau ;
Li bestiàri deforo,
Bèn à la sousto, charon de tout.

Lou riéu, lou plantun amé l'aigo
Fan tintèino ensèn ;
Vaqui uno bello chourmo
Que s'amuson sènso rèn dire
E li bestiàri mut
Vènon participa à la fèsto

Un pichot sanglié dins li bos (8/6/8/7/6/9)
Seguis sa maire plan-plan ;
Amé soun nas grato la terro
Pèr se faire un bon dina ;
Subran un fusiéu parlo,
La mort a subran lou darrié mot.

L'esquiròu cour dedins li branco,
Benurous coume un papo ;
Manjo touti lis avelano
Que póu trouba dedins l'aubre ;
Un autre esquiròu
Arribo e sameno la garrouio.

I'a dos agasso dins un aubre ;
Charon d'un pau de tout ;
Segur, dison un pau que que siegue,
Coume d'ome sus terro
Pièi, subran, li dous bè
Coumènçon de se pica dessus.

Quàuqui cabro amé quauqui fedo
Soun dins lou meme prat ;
Touto l'erbo verdo es bèn bono,
Chasco bèsti se regalo ;
Quand arribo lou sèr,
Cabro e fedo se fan de poutoun.

Un brave chivau de Camargo
Manjo d'erbo bèn verdo ;
Un aucèu blanc passo dins l'èr
E regardo tout en bas ;
Subran s'arrèsto lèu
E vèn se pausa sus lou chivau.

Un gros chinas, un pichot chin,
Passon dins la carriero ;
Tóuti li dous sorton soun nas,
Se niflon tant que podon ;
Alor li dous bestiàri
Se lipon e se poutounejon.

Récapitulatiéu di pouèmo :

Haïku P11
Tanka P54
Sijo P69:

Imprimé en France par lulu.com
Dépôt légal : décembre 2019

www.ingramcontent.com/pod-product-compliance
Lightning Source LLC
Chambersburg PA
CBHW071320040426
42444CB00009B/2053